È una fortezza in cui nascondermi!

A fort for me to hide inside!

È la vela di una nave che sventola nell'aria,

A ship's sails flapping in the air,

Mi avvolge e mi consola quando la mamma non c'è.

A comforter when she's not there.

È una tenda da beduini,

A bedouin tent,

È un sari da matrimonio,

A wedding sari,

È una tovaglia da festa.

A cloth for my tea party.

È il mantello di una regina guerriera,

A warrior queen's cloak,

È il bagaglio di un nomade,

A nomad's baggage,

È una coperta per quando dormo!

A blanket when I need a rest!

Però ciò che lo hijaab fa meglio è coprire mia mamma secondo la sua fede.

But covering my mum
as part of her faith
Is what the hijaab does best.

Bismillahir- Rahmanir-Raheem
For the daughters of Islam, past, present and future
N.B.R.

For Saarah, Farheen & Rayaan
N.M.

Mantra
5 Alexandra Grove, London N12 8NU
www.mantrapublishing.com